CATALOGUE

DES

TABLEAUX ET PIERRES GRAVÉES

COMPOSANT LE CABINET

DE FEUE Mme. LA BARONNE DE V***EZ;

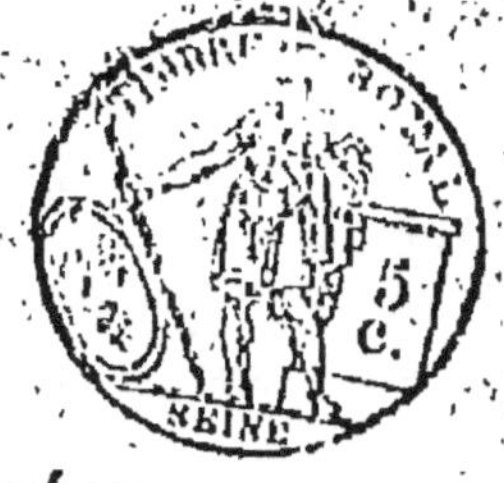

Dont la vente se fera au plus offrant et dernier enchérisseur, les mardi 19 et mercredi 20 septembre 1815, en la grande salle de l'hôtel de Bullion, rue J. J. Rousseau, où l'exposition publique aura lieu, depuis 11 heures jusqu'à 3, pendant les deux jours qui précéderont la vente.

SE DISTRIBUE A PARIS,

CHEZ { M. HENRY, boulevard Poissonnière, N° 20,
Et M. OLIVIER, Commissaire-Priseur, rue de la Jussienne, N°. 16.

1815.

AVERTISSEMENT.

La vente publique des tableaux dont suit le catalogue étant un acte que la liquidation de la succession de Mme. la Baronne de V***ez rend absolument indispensable, les héritiers ont pensé qu'ils devaient effectuer cette vente à Paris plutôt qu'en tout autre endroit.

Ils sont ensuite convenus que, pour plus d'ordre et de clarté dans la reddition des comptes de celui d'entre eux qui serait chargé de suivre cette opération, on conserverait à tous les tableaux les numéros et les dénominations sous lesquels ils ont toujours été classés et désignés dans le cabinet de Madame la Baronne de V***ez ;

Que si ce dernier point donne lieu, parmi les connaisseurs, à des opinions différentes de celles qui sont énoncées dans ce catalogue, nous les prions très-sincèrement de ne s'en rapporter qu'à leurs propres lumières, et d'être bien convaincus qu'autant il nous a paru convenant de déférer aux désirs de nos commettans, autant nous sommes éloignés de vouloir exercer aucune influence sur l'esprit de personne.

La même pureté d'intention anime les héritiers de Mme. la Baronne de V***ez, et quoiqu'il leur paraisse naturel de devoir s'en rapporter à des décisions depuis long-tems confirmées dans leur pays, ils n'ont garde pourtant de songer à les présenter comme une loi ; ils savent que l'opinion n'en connaît pas.

Au surplus, il n'y aura qu'une voix tant sur le caractère d'amabilité, sur le bon choix, sur le véritable mérite des objets décrits ci-après, que sur l'extrême beauté de plusieurs d'entre eux ; et ce serait une chose étonnante, inconcevable, qu'il en fût autrement d'une collection renommée dans une partie de l'Allemagne.

CATALOGUE

DES

TABLEAUX ET PIERRES GRAVÉES

COMPOSANT LE CABINET

DE FEUE Mme. LA BARONNE DE V***EZ.

REMBRANT VAN-RYN.

1. LE Seigneur, debout, la main gauche élevée vers son père qu'il vient d'implorer, jette les yeux sur Lazare étendu dans son cercueil, et lui commande d'en sortir. A l'instant la Mort fuit, et Lazare recouvre la vie. Nombre de Juifs, témoins de ce miracle, expriment diversement la surprise qu'ils éprouvent, et fixent leurs regards, les uns sur Jésus, les autres sur le cadavre qu'il vient de ressusciter.

Ce tableau, clair dans toutes ses parties, est néanmoins d'un effet piquant ; il y a dans son exécution du large et de la facilité, et dans ses figures beaucoup d'expression et de mouvement : on sait au reste que Rembrant a gravé cette composition.

KONING.

2. Saint Jean-Baptiste, placé à mi-côte d'une montagne, prêche la pénitence devant une multitude d'auditeurs de toutes les conditions. Dans le

(6)

lointain on aperçoit le haut de plusieurs grands
édifices.

L'effet, la richesse, la diversité des figures et
de leurs attitudes, l'éclat de la couleur, la légèreté
du ciel nous appellent vers ce tableau.

JEAN-HENRI ROOS.

3.　　Paysage enrichi d'un grand nombre d'animaux
dispersés et se reposant çà et là au pied d'une colline.

Cet ouvrage capital, plein de vérité et d'une exécution parfaite, offre encore cela de particulier et
de très-intéressant, que l'auteur s'y est représenté lui-
même avec sa femme et quatre de ses enfans, dont
trois sont en bas âge. On sait que Roos a peint de
fort beaux portraits, notamment ceux de l'électeur
de Mayence et de plusieurs autres princes.

Si ce tableau ne parloit en sa faveur, nous le
recommanderions sous le double rapport de son
mérite réel et de l'intérêt qu'il présente.

SALVATOR ROSA.

4.　　Site aride et sauvage. On y remarque, à gauche,
sur un morceau de rocher, quatre soldats réunis
en un seul groupe et causant ensemble ; plus loin,
et parmi d'autres rochers à peine recouverts d'une
terre ingrate, s'offrent quelques arbres dépouillés
de leurs feuilles ; de tous côtés, enfin, ce ne sont
que rocs brisés, témoins éternels des antiques ré-
volutions de notre globe : un demi-jour éclaire ces
objets et leur donne une teinte qui porte à la mé-
lancolie.

PAR LE MÊME.

5.　　Autre Paysage servant de pendant à celui qui
précède, et d'une composition à-peu-près semblable.

Il y a dans ces deux tableaux une grande solidité
de faire, et cette hardiesse de style, cette singulière

originalité qui caractérisent le genre de paysage dont Salvator Rosa est le créateur.

PIERRE NÉEFS.

6. Intérieur d'Église gothique. Le point de vue, pris de dessous le buffet d'orgues, à l'entrée de la grande nef, se dirige principalement vers le jubé ; là nous apercevons un cercueil entouré de flambeaux, et des prêtres qui viennent de célébrer un office des morts; moins loin est un autre prêtre disant la messe en présence de plusieurs assistans; sur le premier plan défilent deux rangées de personnages, les uns revenant sans doute du service funèbre, les autres ayant à leur tête un enfant auquel on vient d'administrer le baptême; dans les nefs latérales se présentent encore d'autres objets plus ou moins propres à récréer les yeux.

Néefs a fait peu de tableaux d'une aussi grande dimension que celui-ci, et peut-être aucun où la perspective soit mieux observée, les détails mieux rendus, la lumière plus vraie.

NICOLAS BERGHEM.

9. Paysage orné des ruines d'un ancien édifice : sur le devant est une femme assise et tenant un enfant sur ses genoux ; à quelques pas se présentent un homme de peine, un chasseur armé de son fusil, et deux cavaliers, dont une dame portant un parasol.

La couleur de ce tableau est dorée, son exécution nette, aisée, et son aspect agréable ; en un mot chaque chose porte ici l'empreinte du talent. Quant au nom de l'auteur, on ne doit pas oublier que nous suivons une vieille nomenclature que le tems a consacrée.

D'APRÈS RAPHAEL.

10. Le Massacre des Innocens. Cette copie nous

paraît être de la main de Cornelis de Harlem, du moins y remarquons-nous une couleur semblable à celle de ce peintre, et de plus son faire, et dans quelques endroits le caractère de son dessin. Quoi qu'il en soit, comme rien de ce qui nous vient de Raphaël ne peut être indifférent aux amateurs, nous les invitons à remarquer cette composition, si connue d'ailleurs par les deux estampes de Marc-Antoine.

PIERRE NÉEFS.

11. Vue de l'Intérieur d'une Eglise catholique au moment de la célébration d'une basse messe à laquelle assistent dévotieusement plusieurs personnages. De la nef principale où se passe cette scène, la vue peut se porter successivement sur quatre nefs latérales, où chaque chose est exécutée avec une précision admirable : les figures sont de Van-Thulden.

Nous nous arrêterions davantage sur ce charmant tableau si nous n'étions sûrs qu'il frappera tous les yeux, tant il est vrai à faire illusion.

VAN - FALENS.

12. Chasse aux Sangliers. Un de ces animaux, après avoir blessé plusieurs chiens, est enfin tellement assailli, entouré, qu'il lui devient impossible d'échapper. De toutes parts des chasseurs l'attendent au passage, et sa mort est certaine. Deux cavaliers, qui accompagnent une femme montée sur un cheval blanc, font partie des chasseurs. Plus loin se passe le même divertissement.

PAR LE MÊME.

13. Autre Chasse. Sur le devant du tableau est un cavalier pressant vivement un cerf qu'il est

prêt à percer d'un coup de dard. Ailleurs sont quatre autres cavaliers qui accourent à toute bride, tandis que, d'un autre côté, des piqueurs tiennent en laisse des chiens ardens à s'élancer. On voit un second cerf que des chasseurs poursuivent au milieu d'une rivière.

Ces deux tableaux charment tout à-la-fois par des paysages rians, par des compositions amusantes et par une infinité de détails peints avec autant de légèreté que d'esprit.

ALBERT DURER.

14. Jésus crucifié. Dans ses traits, quoique inanimés et altérés par les souffrances, se peignent encore l'humilité, la douceur et la résignation.

On voit dans l'éloignement la ville de Jérusalem.

FRANÇOIS FRANCK.

15. Le Christ entre les deux Larrons. Une nombreuse garde à cheval entoure la croix et le contemple avec étonnement. Pendant ce tems, les bourréaux jouent et se disputent ses habits.

On remarque dans cet ouvrage un pinceau facile et sûr, une touche ferme et cette abondance qui caractérise le style de tous les Franck.

BARTHOLOMÉE BRÉENBERG.

16. Site montagneux. Au milieu, entre deux bords élevés, coule une rivière sur laquelle est un pont tombé en ruine. Sur une éminence, à notre gauche, sont trois pâtres avec les bestiaux confiés à leur garde. On voit d'un autre côté, derrière un terrain où frappe vivement le soleil, un quatrième berger conduisant un troupeau de bœufs; et plus loin, dans la même direction,

un temple antique semblable à celui de la Sybille.

On aime dans ce petit tableau la légèreté du travail, la fraîcheur du coloris, les effets de la lumière et les jolies figures dont il est orné.

PH. WOUWERMANS.

17. Ce joli tableau représente les environs d'un camp. A sa gauche, sur le devant, sont dressées plusieurs tentes de cantiniers, à l'une desquelles se sont arrêtés plusieurs cavaliers. L'un d'eux, assis près d'une table, saisit au corps la joyeuse cantinière et veut lui ravir une caresse. Un autre, le genoux en terre, égoutte en riant le verre qu'il a vidé plus d'une fois. Un troisième, le chapeau à la main, fait entendre qu'il se dispose à partir. Cependant, au rappel que sonne un trompette, deux de leurs compagnons sont remontés à cheval et les attendent. A droite de la composition est un fleuve que plusieurs personnages vont traverser dans des barques.

Une couleur brillante, un pinceau agréable, la gaîté du sujet, le nom de Wouwermans surtout, sont autant de choses qui appellent les yeux sur ce tableau et commandent l'attention des amateurs.

ISAAC OSTADE.

18. Intérieur de Ménage rustique. Dans ce lieu spacieux, couvert de chaume, habité par la misère et commun aux animaux domestiques, sont dispersés de côté et d'autre de mauvais ustensiles de ménage et quelques instrumens aratoires.

A la transparence qui règne dans cette peinture, à la manière piquante dont elle est éclairée, à l'heureuse facilité avec laquelle tout y est exécuté, chacun y reconnaîtra au premier coup-d'œil la main et la couleur d'Isaac Ostade, l'un des meilleurs peintres hollandais.

A. VAN EVERDINGEN.

19.   Paysage où l'on remarque principalement deux rocs escarpés, taillés en pointe, couverts d'arbustes et séparés par une rivière au bord de laquelle sont arrêtés un cerf avec sa biche.

Qui dédommage de la simplicité de ce tableau ? c'est la vérité avec laquelle sont rendus la légéreté de l'air, la limpidité des eaux et tous les signes qui caractérisent les rochers.

VAN OS.

20.   Un Bouquet de fleurs où sont agréablement mariés l'un à l'autre le lilas, l'œillet, l'oreille-d'ours, le chèvrefeuille, l'anémone, la rose, fleur chérie des amours, et l'humble liseron.

PAR LE MÊME.

21.   Autre Bouquet à peu près composé des mêmes fleurs que le précédent.

Ces deux tableaux rivalisent d'éclat et de fraîcheur avec la nature même.

J. VAN HUYSUM.

22.   Autre Bouquet de fleurs arrangées dans un vase posé sur un entablement de pierre. A l'œillet-d'Inde, au volumineux pavot, au liseron sauvage, s'unissent ici et l'iris au teint d'azur, et la délicate rose, que sa beauté a fait nommer la reine des parterres.

PAR LE MÊME.

23.   Du milieu de ce quatrième Bouquet, où nous voyons reparaître avec plaisir diverses fleurs déjà nommées, sort et s'élève un lis majestueux, un lis sans tache, un lis qui nous rappelle ceux autour desquels devraient aujourd'hui se rallier

tous les français, comme autrefois on vit les fidèles sujets du grand Henri se rallier autour de son panache blanc.

Quel que soit le jugement des connaisseurs au sujet de ces deux derniers tableaux, nous sommes convaincus d'avance qu'ils en admireront l'exécution suave et moëlleuse, et le parfait accord qui en unit toutes les parties.

G. E. DIETRICK.

24. Vue de l'entrée d'un Village situé sur le bord d'un canal ; à quelque distance est un pont de bois qui conduit d'une rive à l'autre, et dont l'élévation laisse un passage facile aux barques de transport.

Dans ce tableau sont réunis la force et la fraîcheur, l'effet et l'harmonie, la transparence et l'empâtement, l'agrément et la vérité, en un mot, tout ce qui constitue une excellente imitation de la nature.

L. VAN UDEN.

25. Paysage : sur le devant est une espèce d'abîme où vient se jeter une rivière dont le cours tortueux prend naissance dans les montagnes voisines de l'horizon ; un petit pont de bois sert à communiquer d'une rive à l'autre ; non loin de là, à droite, est un village situé au pied d'un côteau ; en opposition, est une immense et fertile plaine dont l'œil mesure à peine l'étendue.

Ce tableau, légèrement peint, d'une couleur vraie, a tout-à-la-fois le charme et la simplicité de la nature.

J. STEEN

26. Intérieur d'Estaminet ; on y voit un gros Hollandais assis et tenant un verre de vin ; devant

(13)

lui est placée une jeune fille à laquelle il paraît conter des sornettes ; quel qu'en soit le sujet, elles font rire un jeune garçon qui est debout près d'eux : derrière la chaise du galant buveur est un quatrième personnage dont il est difficile de deviner l'action. Parmi les accessoires qui ornent cette composition, on remarque une table servie d'un plat de jambon.

Jean Steen a répandu sur presque tous ses tableaux cette teinte d'enjouement qui faisait le fond de son caractère, qualité qu'il a d'ailleurs relevée par tout ce que l'art a de moyens d'intéresser.

C. NETSCHER.

27.   Diane à la chasse : derrière la déesse marchent deux nymphes, dont l'une décoche une flèche, tandis que l'autre sonne de la trompe.

La principale figure a de la grâce, et l'on juge, à son costume, que c'est le portrait d'une femme qui vivait sous le règne de Louis XIV.

D. TÉNIERS.

28.   Intérieur de cuisine, où sont rassemblés quatre villageois, l'un debout sur le devant du tableau, les trois autres dans le fond, et se chauffant au feu d'une cheminée. On remarque encore, dans cette composition quelques ustensiles de ménage, tels que baquet, chaudron, bouteilles, pots de terre, etc. etc.

G. SCHALKEN.

29.   Une vieille femme éclairée par le feu d'un âtre devant lequel elle se chauffe.

LE MÊME.

30.   Un vénérable Ermite à genoux et priant à la clarté d'une lampe, devant un crucifix. Sous

ses yeux sont un livre et une tête de mort; celle-ci pour lui apprendre à mépriser la vie, l'autre pour lui apprendre à en bien user.

Ces deux tableaux, d'une belle fonte de couleurs, sont encore recommandables par leur effet et leur vérité.

E. G. DIETRICK.

31.   Beau Portrait d'Homme, vu de trois quarts, plus qu'en buste, et portant la barbe longue, un turban, une chaîne d'or au cou et une cuirasse sous un manteau garni de fourrure.

PAR LE MÊME.

32.   Autre Portrait servant de pendant au précédent et ajusté de la même manière, à cela près que son manteau est bleu et qu'au lieu de turban, il a un bonnet fourré.

Ces deux têtes sont d'un beau pinceau, d'un coloris brillant et produisant un grand effet.

A. VAN-DICK.

33.   Personnage de distinction portant collerette et vêtement noir, et tenant un gand de la main droite. Cette figure, presqu'à mi-corps, est de cette vérité frappante qui n'appartient qu'aux ouvrages des grands coloristes.

JEAN GRIFFIER.

34.   Paysage représentant une vue du Rhin. On y aperçoit, en premier lieu et sur un roc isolé, une forteresse destinée à protéger le pays. Ensuite se présentent des côteaux sans nombre et une double chaîne de montagnes dont l'extrémité disparaît insensiblement dans la vapeur azurée de l'air. C'est entre ces montagnes que

le Rhin a creusé son lit, et c'est là que nous
le voyons baigner de ses eaux rapides les murs
de cinquante villages situés de distance en distance sur ses deux rives.

PAR LE MÊME.

35.   Autre vue du Rhin. Dans celle-ci, après avoir
promené ses regards sur un vaste et riche côteau
au milieu duquel est un village, on revoit, on
suit encore le fleuve de ville en ville, de pays
en pays jusqu'à ce qu'enfin il se dérobe dans les
détours des montagnes lointaines.

Au lieu de décrire la multitude d'objets que
contiennent ces deux paysages, nous nous bor-
nerons à les faire remarquer aux curieux, et à
dire qu'il est peu de tableaux aussi frais, aussi bien
conservés et aussi propres à récréer les yeux.

PIERRE DEHOOGE.

36.   Près de la cheminée d'un salon pavé en
damier, sont assis deux nobles hollandais, l'un
cuirassé, l'autre vêtu en noir, qui s'entretiennent
familièrement avec une jeune femme. Celle-ci
est debout et tient un verre de liqueur qu'elle
va sans doute leur présenter. Une porte ouverte
laisse apercevoir deux autres chambres qui se
suivent et produisent un grand enfoncement.

On sait généralement, et ce tableau nous le
rappelle, avec quelle habileté toute particulière
Dehooge a su ménager les effets du jour, avec
quelle naïveté il a rendu chaque objet, et
combien son pinceau est large, facile et
agréable.

KAREL DU JARDIN.

37.   Site d'Italie. Vers le milieu du premier plan
est une villageoise montée sur un âne et suivie

d'un homme à pied qui conduit un autre âne chargé de bagages. A gauche, on voit deux bergers veillant sur leurs troupeaux ; plus loin, un vallon arrosé par une petite rivière, et au delà, un long côteau enrichi d'arbres.

Ce tableau est harmonieux, agréable et de l'espèce de ceux qu'il arrive si souvent de voir attribuer à Karel du Jardin, que nous ne sommes pas surpris de la dénomination qu'il portait dans le cabinet.

PIERRE DE HOOGE.

38. Intérieur de parloir hollandais, dont la porte d'entrée donne sur un canal pratiqué le long d'une rue. Sur le seuil de cette porte se présente un personnage de qualité, le chapeau à la main et saluant d'un air fort respectueux une dame richement vêtue et qui sort d'une salle voisine, avec un petit chien sous son bras. Dans un coin est assise, près d'un berceau, une autre femme qui vraisemblablement est une gouvernante d'enfans.

Indépendamment du brillant et de l'élégance qui nous séduisent dans ce tableau, nous y admirons encore le jeu piquant et l'union parfaite des diverses lumières résultantes du soleil ou de la seule clarté du ciel ; lumières bien différentes l'une de l'autre, que Dehooge a mieux entendues qu'aucun autre peintre, et rendues à merveille.

G. L. DIETRICK.

39. St.-Barthélemy debout, attaché à un arbre, adresse au ciel les souffrances horribles qu'il endure sous la main d'un féroce bourreau qui est occupé à l'écorcher ; plusieurs gentils se font un jeu cruel d'assister à ce martyre.

Le fonds du tableau représente un paysage
orné de ruines, et d'une couleur aussi vraie que
bien dégradée.

A. PINAKER.

40.   Paysage éclairé par les derniers rayons d'un
soleil couchant; à l'un des côtés du premier plan
s'élève un rocher taillé à pic, du haut duquel
se précipite une chute d'eau; du côté opposé,
et derrière des buissons, est une rivière où se
réfléchit la partie du ciel qui approche de l'horizon; au milieu est un chemin où passe un
villageois monté sur un âne, et conduisant un
petit troupeau de gros bétail. Au bout de ce
chemin paraît une colline à laquelle succède un
long cordon de montagnes.

Une touche spirituelle, une couleur dorée,
d'heureuses oppositions, de l'ensemble, telles
sont les qualités qu'on ne contestera point à ce
petit tableau.

A. VANDER NEER.

41.   Clair de Lune. Cet astre, encore à l'horizon,
paraît sortir de l'immense fleuve qu'il éclaire, et
devient, pour les matelots, un nouveau jour qu'ils
mettent à profit en continuant leur voyage. L'on
voit sur un des bords du fleuve une rangée
d'arbres, plusieurs maisons et un clocher.

Ce genre de tableaux est trop généralement
connu et accueilli pour qu'il soit nécessaire d'en
faire l'éloge.

KAREL DU JARDIN.

42.   L'entrée d'une ville ou village d'Italie; à
gauche est un canal où se baigne le mur d'un
enclos; de l'autre côté un chemin bordé de
fabriques, un jeune garçon portant un panier

à son bras, et un paysan chassant trois bœufs.

A parler franchement, il y a quelque chose de très-flatteur dans ce tableau, soit qu'on le regarde dans son ensemble, soit qu'on s'attache à sa simplicité vraiment naturelle, soit qu'on examine la touche et le fini de chacune de ses parties.

A. ELSHEIMER.

43. Paysage presqu'entièrement occupé par le cours d'un fleuve, au-delà duquel on aperçoit une petite éminence. Là est un temple de forme ronde. Sur le premier plan est représentée Latone entre ses deux enfans, et suppliant Jupiter de la venger des paysans qui lui ont refusé un peu d'eau qu'elle leur avait demandé pour se désaltérer. Deux de ces paysans ont déjà des têtes de grenouilles.

PAR LE MÊME.

44. Sur le devant d'un paysage que domine une haute montagne, l'artiste a peint le patriarche Abraham renvoyant sa servante Agar et le fils qu'il a eu d'elle. Des groupes d'arbres, des animaux, des fabriques, des ruines enrichissent de tous côtés cette composition.

Ce tableau, d'une grande force de couleur, porte le cachet des paysages de l'école d'Italie, cette patrie des arts, où l'auteur avait établi son séjour.

A. BRAUWER.

45. Réunion de trois paysans vus à mi-corps, en dedans d'une fenêtre. Celui du milieu tient un papier et chante en trio avec les deux autres, ce qui produit une scène naturelle et plaisante.

D. TENIERS.

46.	Une Sorcière assise près d'une table où sont plusieurs fioles remplies de différens sucs, compose un des charmes auxquels les lois mêmes de la nature sont forcées d'obéir ; près d'elle est un monstre ailé, ministre soumis à la puissance de ses enchantemens ; plus loin, devant le feu d'une cheminée, sont d'autres magiciennes, dont l'une, toute nue, est affourchée sur un balai ; c'est sur cette monture vraisemblablement qu'elle va se rendre au sabat. A terre des lampes allumées entourent une tête de mort et indiquent les préparatifs d'une opération magique.

G. TERBURG.

47.	Un Vieux Médecin, debout, le chapeau sur la tête, vêtu de noir, tâte le pouls à une jeune dame malade, et lui demande sans doute : mangez-vous ? faites-vous des songes ? car pour guérir, dit le premier médecin de M. de Pourceaugnac (1), il faut connaître la maladie parfaitement : *Ignoti nulla est curatio morbi.* Il serait difficile de deviner les réponses de la malade ; mais à sa camisole de velours bordé d'hermine, à son jupon de satin, on devine aisément qu'envers elle le grave docteur ne sera pas avare de ses visites.

La tête du médecin, celle de la malade, ont beaucoup d'expression ; et peut-être est-il impossible à la peinture de mieux caractériser les étoffes et de les rendre avec plus de goût et d'esprit.

A. OSTADE.

48.	Dans une chambre rustique, meublée de divers ustensiles servant au ménage, sont assis, près d'une escabelle, deux paysans qui s'amusent à boire et

---

(1) Molière, M. de Pourceaugnac, acte Ier., scène II.

à fumer. L'un d'eux tient entre ses jambes la cruche favorite qui fournit à leurs plaisirs, et captive, par ce qu'il semble dire, l'attention toute entière de son camarade. Une femme debout, un dévidoir à la main, écoute leur entretien.

Il nous serait permis de donner beaucoup d'éloges à ce tableau ; mais il est si fastidieux de redire toujours les mêmes choses, qu'on voudra bien quelquefois nous en dispenser.

PH. WOUWERMANS.

49. Paysage orné d'un grand nombre de figures représentant un défilé d'armée. Sur le devant est un cabaret où se sont arrêtés plusieurs cavaliers ; plus loin, sur différens plans, des chariots qui se suivent sous l'escorte de soldats, et sont disposés de manière que l'imagination peut en supposer à l'infini.

On ôterait à ce tableau le grand nom qu'il porte, qu'il n'en serait pas moins recommandable sous beaucoup de rapports.

L. VAN-UDEN

50. Maison Rustique, entourée d'arbres et située sur une butte au bord d'une rivière. L'esprit, le goût et la vérité semblent avoir présidé à l'exécution de cette naïve imitation de la nature. Les figures qu'on y voit sont aussi très-spirituellement touchées.

A. VANDE-VELDE.

51. Un jeune paysan et une jeune paysanne gardant ensemble un troupeau de vaches et de moutons ; cette dernière est assise par terre, l'autre au bord d'une fontaine : les animaux sont par groupes.

Personne ne se méprendra sur ce joli tableau, que nous regardons comme un des plus clairs et des plus parfaits de son auteur.

13. VAN-OSTADE.

52.	Intérieur de Ménage rustique. Au milieu est une vieille femme, un genou en terre, filant au fuseau, et s'entretenant avec un vieillard qui s'appuie sur un bâton : quelques poules vivent familièrement avec ces bonnes gens. On ne peut mettre plus d'effet dans un tableau qu'il y en a dans celui-ci.

AB. MIGNON.

53.	Des Pêches, des Prunes, des Abricots et autres fruits attachés ensemble avec un ruban bleu. Devant ce tableau vrai et parfait à tous égards, on oublie la peinture, et l'on ne voit plus que des fruits succulens dont on voudrait goûter.

C. BEGA.

54.	Un homme, une femme et un jeune garçon, placés autour d'un tabouret de paille sur lequel est un vase rempli de lait, se préparent à faire un frugal repas ; la femme assise, ainsi que son mari, tient un enfant sur elle : le jeune garçon est debout.

DENNER.

55.	Un gros Vieillard, de bonne mine et plein de vivacité, considère avec délices un verre de vin qu'il tient de la main gauche ; de la droite il appuie sur ses genoux un énorme pot d'étain, source abondante dans laquelle il puise tour à tour l'heureuse teinte qui colore ses joues, et sa constante gaieté : près de lui est une table servie d'un pot de terre, d'un réchaud, d'un plat où est un hareng. Ce tableau fait trop de plaisir à voir pour qu'il soit nécessaire de le louer.

MIÉRIS.

56. Une jeune Dame, assise et vue de profil, s'occupe à faire manger un perroquet, et par les habillemens qu'elle porte, on peut juger de son opulence ; rien de plus brillant et de plus frais que sa camisole de velours rouge bordée d'hermine, que son jupon de satin ; rien de plus fin que son tablier de mousseline, et rien de plus flatteur à l'œil que la manière dont toutes ces choses sont peintes.

PIERRE WOUWERMANS.

57 Choc de plusieurs corps de cavalerie, et plus loin l'embrâsement de plusieurs chaumières.

L'auteur de cet excellent tableau nous y a vivement peint avec quelle rage l'homme, devenu ennemi de l'homme, se livre à des actes d'une férocité qu'on ne peut reprocher aux animaux les plus cruels.

PH. WOUWERMANS.

58. Ce tableau nous offre, en différens groupes, un palefrenier allant abreuver deux chevaux, des laveuses sur le bord d'une rivière, et deux hommes dont l'un descend un enfant que l'autre portait en croupe sur son cheval. Le paysage représente un pays couvert de dunes.

TÉNIERS.

59. Estaminet où l'on voit deux buveurs, l'un, assis sur une escabelle, tient sa pipe d'une main, et de l'autre un pot dont il ne se séparera qu'après l'avoir vidé ; l'autre est près d'une cheminée.

AD. VAN-OSTADE.

60.   Près d'un cabaret, d'une construction pittoresque, sont rassemblés plusieurs paysans qui se livrent aux amusemens de la danse et du vin ; trois d'entre eux dansent au son d'un violon ; d'autres, à table, préfèrent le plaisir de boire à celui de sauter ; d'autres enfin se contentent de voir et de causer : du nombre de ces derniers est une femme tenant un enfant sur ses genoux.

La gaîté, le mouvement et la vie sont les couleurs qui nous attachent à ce petit tableau et nous identifient en quelque sorte avec son sujet.

PAR LE MÊME.

61.   Un joyeux paysan tient dans ses bras une grosse commère qui lui porte une main sous le menton, tandis que de l'autre elle tient un verre plein de liqueur, qu'elle n'a garde d'abandonner. Un autre personnage s'amuse à les regarder.

PAR LE MÊME.

62.   Un trio de Buveurs dans un estaminet, deux sont assis à une table, le troisième est près d'une cheminée où il prend du feu pour allumer sa pipe.

PAR LE MÊME.

63 et 64. Deux Têtes, l'une d'un Vieillard ivre, l'autre d'une Femme qui semble sourire à la vue de quelque objet.

JEAN LOOT.

65.   Paysage représentant la lisière d'une forêt. A sa gauche, sous de grands arbres, est pratiqué

un chemin où le jour ne parvient que faiblement ; de l'autre côté est une rivière où se réfléchit la clarté du soleil, et dont le cours tortueux va se perdre dans l'éloignement. Sur le devant sont des voleurs sortant d'une embuscade, et attaquant, à main armée, quatre voyageurs, parmi lesquels on voit une femme déjà renversée de son cheval.

Il est des tableaux dont on affaiblit le mérite en voulant les décrire ; le beau paysage de Loot est de ce nombre : il y règne une vigueur de ton, des effets, un certain caractère de grandeur qu'on ne peut sentir qu'en les voyant.

RAPHAEL D'URBIN.

66.   La Vierge tenant sur elle son divin Fils.

Il n'est personne qui ne sache qu'il existe deux compositions semblables à celle-ci, l'une qui était ci-devant en Espagne, l'autre qui de la galerie d'Orléans a passé en Angleterre, où maintenant on la voit dans le magnifique cabinet de lord Stafford. Que pensera-t-on de cette troisième répétition, si l'on veut bien nous permettre de la nommer ainsi ? C'est ce dont les propriétaires ne s'inquiètent que peu, sans toutefois refuser à l'opinion publique les égards qu'on lui doit. Pendant plus d'un siècle leur tableau a fait, sous leurs yeux et sous les yeux de leurs ancêtres, l'admiration des curieux et des connaisseurs : cette admiration constante doit être pour eux un titre propre à consacrer la haute valeur de leur tableau, et d'un poids suffisant pour être opposé aux critiques. Quant à nous, nous ne craignons pas de dire que ce tableau nous paraît en effet admirable, soit que nous considérions la beauté de son exécution, la force et la fraîcheur de son coloris, soit que nous nous abandonnions au charme qu'il fait éprouver. Quel divin caractère, quelle expression fine et touchante dans la figure de Jésus ! que de douceur, de tendresse et de modestie dans celle de la Vierge! quel relief et quelle magie sont répandus sur tout ce tableau!

VOLAIRE.

67. Marine éclairée en partie par la lune, en partie par le feu d'une explosion; sur le premier plan, composé de rochers, se trouvent plusieurs pêcheurs; et au delà d'un bras de mer sont des ruines derrière lesquelles s'élèvent des tourbillons de flammes et de fumée. Plus loin on aperçoit nombre de bâtimens et une ville qui s'avance dans la mer.

PAR LE MÊME.

68. Autre marine avec clair de lune; des pêcheurs enrichissent le devant du tableau. Au second plan, est un bout de jetée avec plusieurs navires; et dans le fond, le mont Vésuve vomissant des torrens de lave et de feu.

PAR LE MÊME.

69. Autre vue des bords de la Méditerranée; une jetée en forme le premier plan et l'on y voit des pêcheurs et des matelots. Au large est un vaisseau qui fait voile vers un port dont une haute tour marque l'entrée.

D. TENIERS.

70. Une femme à genoux devant un livre posé sur un rocher, et lisant avec une profonde attention. Il est vraisemblable qu'elle représente la figure personnifiée de l'étude, et ce qui nous porte à le croire, ce sont les attributs d'arts et de sciences dont elle est entourée; au surplus, un point sur lequel nous espérons qu'on s'accordera, c'est le mérite bien évident de ce petit tableau.

VOLAIRE.

71.   Marine. On y remarque à peu près les mêmes objets que dans les précédentes, mais dans un ordre différent. On ne peut choisir de tableaux plus meublans, plus récréatifs que ces quatre marines, et nous nous croyons en droit de les recommander comme un bel ornement de salon.

PETERS.

72.   Marine. Un vent furieux soulève la mer et pousse alternativement ses vagues écumantes contre une longue côte hérissée de rochers. Un vaisseau qu'elles ont entraîné avec elles au milieu des écueils, va comme elles s'y briser, mais sans retour. Plus loin est un autre vaisseau qui a jeté l'ancre dans l'espoir d'échapper au naufrage; des nuages sombres et déchirés obscurcissent une partie du ciel.

D'APRÈS SÉBASTIEN DEL PIOMBO.

73.   Des Anges placés aux deux côtés de la Vierge, lui apportent les choses nécessaires pour emmaillotter et coucher l'enfant Jésus. Cette copie, un peu plus grande que l'original, a le grand mérite d'être aussi plus claire. Elle présente au reste, soit par rapport aux expressions, soit par rapport au faire et au coloris, beaucoup d'intérêt et d'amabilité.

D'APRÈS D. TENIERS.

74.   Plusieurs Villageois formant un groupe auprès de la cheminée du cabaret.

SUPPLÉMENT.

P. P. RUBENS.

Le Baptême de saint Jean, tableau composé de 15 figures.

Hauteur 15 pieds, largeur 20 pieds.

Jésus, dépouillé de ses vêtemens et debout dans les eaux du Jourdain, reçoit le baptême de la main de saint Jean-Baptiste, placé sur le bord du fleuve. L'esprit saint, sous la figure d'une colombe, et trois anges se tenant ensemble, voltigent au dessus de la tête du Seigneur; d'autres anges sont à sa droite et fixent les yeux sur lui, ou font entendre, en montrant le ciel, que c'est de cet éternel séjour que Jésus a daigné descendre pour donner aux hommes l'exemple de la pénitence et de toutes les vertus.

Ce tableau, fait pour les Jésuites de Mantoue, ville où Rubens habita pendant 6 ans, est cité dans beaucoup d'ouvrages, et notamment dans *Descamps*, *d'Argenville*, et dans le *Voyage d'un Français en Italie pendant les années* 1765 *et* 1766, dans le *Guide de Mantoue*, etc. etc.

Ce tableau capital a le mérite de réunir au coloris flamand, aux effets du clair-obscur, enfin à la richesse de la composition, une grandeur, une fierté de dessin qu'on ne trouve que dans bien peu des autres ouvrages de Rubens, et qui nous rappellent ceux des Michel-Ange et des Jules-Romain. Rubens eut particulièrement occasion d'étudier là le style de ce dernier maitre dans les admirables peintures qu'on voit encore au palais de Mantoue, où tenait sa cour l'archiduc Vincent de Gonzague, au service duquel était attaché le célèbre peintre flamand.

PAR LE MÊME.

Le Siége de Paris par Henri IV.

Hauteur 13 pieds, largeur 8 pieds et demi.

Le monarque, prêt à monter à cheval, est sur le premier plan du tableau; on voit autour de lui plusieurs de ses capitaines qui se préparent à le suivre.

Le fond de ce tableau, exécuté par Snayers, offre Paris entouré de retranchemens, redoutes et batteries d'où l'on fait un feu très-suivi sur la capitale, en avant de laquelle est un village fortifié. Parmi les bataillons qui de tous côtés occupent la plaine, on en remarque deux qui sont aux prises l'un avec l'autre.

Ce tableau, que la main d'un grand peintre a rendu recommandable, reçoit un nouveau lustre de l'image chérie que nous y rencontrons : la mémoire de Henri IV, ses talens, ses vertus honorent en même tems les hommes, les rois et la France.

———

Un Christ en ivoire, figure de 26 pouces de hauteur et d'un beau travail.

La Vierge et saint Jean, autres figures en ivoire.

Recueil du Moniteur, complet, depuis son origine jusqu'en juillet 1813.

———

PIERRES GRAVÉES EN RELIEF.

1.   Buste de Jupiter, vu de trois quarts, et gravé sur sardonyx, de deux couleurs. Cette pierre, qu'on estime de travail romain, est montée sur une tabatière en placage de lave noire d'Islande et d'avanturine factice, taillées en losanges.

2.   Buste d'Adrien, sur agathe-onyx, de deux couleurs.

3.   Hercule armé de sa massue et coiffé de la peau du lion de Némée. Figure plus qu'en buste.

4.   Omphale debout et armée de la massue d'Hercule : figure bien dessinée et gravée sur jaspe.

5.   Cléopâtre, demi-figure, presque de ronde bosse, sur jaspe-onyx, de deux couleurs; le fond verdâtre, et le relief rouge opaque.

6.   Pâris et Hélène, bustes, sur calcédoine-onyx, de deux couleurs : fond gris, relief blanc. Ces deux figures sont d'un beau caractère, et ajustées avec grâce.

7.   Buste d'Erigone, de profil, sur calcédoine-onyx, de deux couleurs : fond gris, relief blanc.

8.   Tête de femme, de profil, sur cornaline-onyx, de deux couleurs : le fond rouge-nuancé, le relief blanc.

9.   Hercule, buste vu de trois quarts, fort relief, sur cornaline-onyx.

10.   Le désespoir d'Achille, sujet composé de quatre figures, et gravé sur caillou ou silex à deux couches.

11.   Tête de Bacchante, de profil, sur calcédoine.

BALLARD, Imprimeur du Roi, rue J. J. Rousseau, N°. 8.